<u>Table</u>

Rothschild...

Mr Drahi...

Mon candidat Macron...............................

Rothschild

Emmanuel Macron devient banquier d'affaires en septembre 2008, dix jours seulement avant la chute de Lehman Brothers. Le jeune homme n'a alors que 30 ans et va gagner en quelques années seulement, malgré les soubresauts de la crise financière, son surnom de «Mozart de la Finance».

Macron fait partie de ces énarques satinés qui décrochent très vite de jolies fonctions dans le privé, plutôt que de poursuivre dans l'administration ou les cabinets ministériels. Après sa sortie de l'Ena (Ecole nationale d'administration), il a passé plusieurs années à «l'Inspection générale des Finances» tout en s'attirant les bonnes grâces de l'économiste Jacques Attali, qui le recommandera à François Henrot, le bras droit de David de Rothschild.

Macron intègre donc «Rothschild» qui est, avec sa concurrente «Lazard», l'archétype de la banque d'affaires. On y rentre stagiaire avant de gravir les échelons, frayant à travers les PowerPoint, les tableaux Excel et les nuits qui n'en finissent plus dans des bureaux feutrés. «Analyst», «manager», « assistant director», puis «director», «managing director» et «partner».

Le jeune énarque saute allègrement quelques étapes du *cursus honorum*. En deux ans, Macron est catapulté associé-gérant de la banque familiale – la crème de la crème. A en croire ceux qui ont travaillé avec lui, cette ascension fulgurante était amplement justifiée par ses qualités. François Henrot ne tarit plus d'éloges sur son ancienne recrue :

«Avec ce mélange, rarissime, surtout à un si jeune âge, de rapidité intellectuelle, de puissance de travail, de sûreté dans le jugement et de charme, il aurait été, s'il était resté dans le métier, un des meilleurs en France, sans doute même en Europe.»

Le charme fonctionne si bien que les quelques aigreurs provoquées par son arrivée soudaine sont vites oubliées. Macron progresse rapidement, n'hésite pas à questionner ses collègues sur certains outils financiers. Le jeune homme va conseiller de grandes entreprises dans leurs opérations de fusions-acquisitions. Il lui faut maîtriser des connaissances – juridiques, comptables, financières et fiscales – qu'il n'a pas forcément.

Dans la banque, la «fusacq» est considérée comme la voie royale des affaires. C'est de la haute voltige, qui demande de la réactivité, des réseaux et une grande tolérance à la caféine. Ce secteur cristallise tout l'imaginaire du business et de l'ambition. On y travaille tard pour des clients exigeants, sous la pression de montants importants. Il n'est pas rare qu'une opération fasse la une des journaux. Sur un gros coup, un jeune loup peut très vite sortir de l'anonymat.

Dans son passionnant livre-enquête «*Rothschild, une banque au pouvoir*», Martine Orange cite Macron qui reconnaît lui-même que les analystes sont parfois aveuglés par leurs habitudes : «*Le métier de banquier d'affaires n'est pas très intellectuel. Le mimétisme du milieu sert de guide.*»

Pour ceux qui tiennent le coup, le quotidien est peuplé de dossiers et de stabilos. Un associé doit tout savoir sur les entreprises et les secteurs qu'il laboure. Il lui faut lire les revues spécialisées (Agefi, Merger market, etc.), préparer les réunions et s'assurer que les présentations sont étincelantes de clarté. L'essentiel étant d'entretenir la confiance avec ses clients.

Tout cela, les rescapés de la «fusacq» vous le racontent avec profusion d'anglicismes. En « M&A » (« mergers and acquisitions »), il y a les « beauty contest» (mini-appels d'offres passés par une entreprise à l'attention de diverses banques) et le démarchage de «mandats» (des opérations demandées par les clients). Mais chacun retrouve son plus beau français lorsqu'il s'agit de vanter la culture d'entreprise de Rothschild, réputée peu tapageuse et familiale.

Selon François Henrot, la structure collégiale imposerait de fait une certaine retenue : «*Dans une commandite simple comme la nôtre, une faute d'un associé peut engager la responsabilité solidaire et illimitée de tous d'où l'importance du choix d'un nouvel associé. Pour Macron, la décision a été unanime, immédiate, évidente.*»

Dans cet environnement, Macron, le jeune qui plaît aux vieux, rencontre sa première heure de gloire. Il décroche ses premiers «mandats» – le critère de réussite dans les affaires.

Après de multiples rencontres avec Peter Brabeck, le patron de Nestlé croisé à la commission Attali, le banquier parvient à piloter le rachat des laits infantiles de Pfizer. La baston avec Danone est dantesque. La transaction est évaluée à neuf milliards d'euros. Grâce à son coup, Macron va se mettre «à l'abri du besoin jusqu'à la fin de ses jours» en 2012.

Le futur ministre de l'Economie s'est également occupé de Presstalis, de Sofiprotéol et de la reprise de Siemens IT par Atos, dirigée par l'ancien ministre de l'Economie Thierry Breton. Il est à chaque fois «conseiller acquéreur». Vers la fin de sa courte carrière de banquier, il s'intéresse particulièrement à l'agroalimentaire. Chez Rothschild, les associés-gérants n'ont pas de secteurs explicitement dédiés, mais chacun entretient ses clients et ses marottes.

Une partie de son temps est dédiée à «l'influence». Ainsi, il conseille « bénévolement» la société des rédacteurs du Monde (SRM), lorsque le trio Bergé, Niel et Pigasse s'apprête à reprendre le quotidien (dont les propriétaires sont aujourd'hui les mêmes que Rue89). La SRM demande à repousser la date de dépôt des offres.

Matthieu Pigasse, de la banque Lazard, est persuadé que David de Rothschild – proche de Nicolas Sarkozy et d'Alain Minc – essaie de lui faire des crocs-en-jambe. Macron dément, mais il reste soupçonné de favoriser Prisa, un groupe espagnol, qu'il conseillera un an plus tard lors d'une restructuration financière.

Chez Rothschild, consigne a été donnée de ne pas bavarder. Au lendemain de la nomination d'Emmanuel Macron au ministère de l'Economie, les collaborateurs de la banque sont assaillis par les médias et s'en tiennent à l'image du jeune génie de la finance, du mec sympa.

En effet, le charme est essentiel. Dans son livre, la journaliste Martine Orange raconte la fureur d'Edouard de Rothschild, à la fin des années 80, quand il découvre dans la presse un mariage entre deux entreprises. Comment se fait-il que la banque ne soit pas au courant? Les affaires doivent voir converger «tous les bruits, les projets, les rumeurs». Des années plus tard, rien n'a changé.

Propre sur soi, à l'image de Macron, la banque Rothschild est aussi – bien qu'elle s'en défende – très liée au milieu politique, tout comme sa concurrente Lazard. Tissées par des études communes et des amitiés forgées dans les cercles du pouvoir, ces liaisons fructueuses en font parfois « des ministères bis de l'Industrie et de l'Economie.» Le nom de Rothschild a d'ailleurs longtemps charrié des images d'empire financier, ce qui poussera les socialistes à nationaliser la banque en 1982. La nomination de Macron au gouvernement n'en est que plus ironique.

Lorsqu'il arrive chez Rothschild, Emmanuel Macron est déjà bien introduit. Il fréquente Jean-Pierre Jouyet, secrétaire général de l'Elysée qui a annoncé avec un sourire sa nomination au ministère, ou encore Jacques Attali (grâce à la commission du même nom). Mais François Henrot tient à préciser qu'il n'a pas recruté un «carnet d'adresses». Si Emmanuel Macron connaît aujourd'hui les principaux patrons français, il a dû s'appuyer à l'époque sur la réputation de la banque pour s'ouvrir des portes.

Avant Emmanuel Macron, c'est François Pérol qui incarnera ces accointances politiques en devenant secrétaire général adjoint de l'Elysée, après avoir travaillé chez Rothschild. L'entregent de Rothschild est démultiplié au point que le Nouvel observateur titrera «La banque du Président».

A chaque changement de gouvernement, Rothschild réussit donc à placer quelques collaborateurs dans les petits papiers du pouvoir. On appelle cela « se mettre au service». Macron est un ancien, mais il perpétue la tradition. Et il a laissé de tellement bons souvenirs que les banquiers ne sont pas près de l'oublier.

Mr Drahi

Pour la seule année 2014, Patrick Drahi aura racheté l'opérateur de télécommunication SFR à Vivendi, acquis 42 % du quotidien soixante-huitard et lancé «*une chaîne multilingue internationale avec un regard israélien*».

Né au Maroc, Patrick Drahi apparaît un jour à Paris pour les affaires, le lendemain à Tel-Aviv, où il possède un appartement dans la tour Rothschild, et le surlendemain en Suisse, pays dont il est résident fiscal.

Patrick Drahi a bâti un véritable empire sur un système d'endettement colossal. Avec un actif net évalué à 9,6 milliards de dollars, il est passé en un an de la 215e à la 132e pace du classement des fortunes mondiales établi par le magazine *Forbes*. Soit la 12e fortune de France. Un classement où il refuse d'apparaître, ayant assuré avoir rendu son passeport français avant de se raviser.

En mai 2013, Patrick Drahi faisait savoir, par une sommation juridique de son avocat Alexandre Marque du cabinet Franklin, qu'il ne souhaitait pas figurer dans le classement *Challenges* des 500 premières fortunes françaises. «*M. Drahi a pris la nationalité israélienne et renoncé à la nationalité française. La perte de la nationalité lui est définitivement acquise. Il ne s'agit pas d'une double nationalité franco-israélienne.*» (Challenges 14 mars 2014. Mais du fait de la polémique née au moment du rachat de SFR, Patrick Drahi assure depuis être toujours français et agir, évidemment, au nom des intérêts français.

Sepharade

C'est au Maroc que tout a commencé le 20 août 1963. Issu d'une famille de la communauté juive de Casablanca, ce petit-fils de tailleur a grandi dans une famille d'enseignants, ses parents étant professeurs de mathématiques. En 1978, les Drahi quittent le Maroc et s'installent à Montpellier. Élève brillant, Patrick intègre l'École polytechnique (promotion 1983), pourtant à contrecœur:« *pas question de faire l'armée*», selon *Challenges* (17 mars 2014).

Dans sa promotion, il se liera plus particulièrement avec Éric Denoyer, aujourd'hui PDG de SFR-Numéricable, Olivier Huart, PDG de Télé Diffusion de France (TDF), qui a longtemps œuvré au groupe Cegetel-SFR, ou encore Jacques Veyrat, ancien président de Neuf Cegetel (racheté par SFR en 2008), ancien président du Groupe Louis-Dreyfus et membre du Siècle.

Drahi achèvera ses brillantes études à SupTélécom avant de débuter chez Philips, à Eindhoven (Pays-Bas). Après s'être fait la main au sein du groupe néerlandais d'électroménager, il fonde en 1993 un cabinet de conseil aux entreprises pour le multimédia et les télécoms, CMA, et va rapidement tout miser sur la technologie du câble.

Câbler la France

Ainsi crée-t-il un câblo-opérateur à Cavaillon (Vaucluse), Sud Câble Services, et réussit à convaincre la société américaine Rifkin d'y investir avant que le câblo-opérateur ne soit finalement racheté par InterComm (où il sera plus tard consultant, de 1998 à 1999): «*J'ai commencé à Cavaillon, dit-il. J'ai enchaîné les réunions municipales devant les habitants – parfois devant seulement trois mamies. J'ai convaincu le maire en lui expliquant que, grâce au câble, on pourrait inventer une sorte de Bourse du melon. […] Je vendais mon abonnement 79 francs pour 40 chaînes. Mais, surtout, j'avais câblé les HLM et j'ai été le premier à mettre les chaînes arabes sur le câble en France. Jusque-là, il n'y avait que des chaînes comme CNN, la RAI Uno ou ZDF !* » (Le Point, 9 janvier 2014)

En 1995, il crée son second câblo-opérateur, Media réseaux, et raccorde Marne-la-Vallée au câble avec l'aide des investissements de l'américain UPC, entreprise dont il prend, au printemps 1999, la direction des activités pour l'Europe occidentale et méridionale. C'est à cette époque que Patrick Drahi rachète pour 330 millions d'euros une série de câblo-opérateurs français qui fonctionnaient très mal (en général liés à des marchés locaux de HLM) : RCF, Time Warner Cable, Rhône Vision Câble, Videopole et InterComm France.

En 2000, trop heureux de se sortir de ce guêpier, l'État lui cède des fréquences et Drahi fonde, avec NRJ et Wendel, un nouvel opérateur, Fortel, dont il prend la présidence du directoire. Quand la bulle Internet explose, UPC, qui a racheté les parts de Drahi en 1999, met la clé sous la porte, mais le « *roi des synergies* » (*Le Canard enchaîné*, 26 mars 2014) se retrouve, lui, à la tête d'une petite fortune, ayant vendu ses parts à temps. Après quelques nouvelles et juteuses affaires dans l'immobilier, Drahi crée son propre fonds d'investissement, Altice.

Altice, un fonds de droit luxembourgeois

Ayant commencé par racheter la compagnie alsacienne Est Vidéocommunication (2002), il s'emparera, en moins de quatre ans, de 99 % du câble français. Ainsi, via Altice, il rachète entre autres Numericable, Noos, France Télécom Câble, TDF Câble, UPC France, etc., ce pour deux milliards d'euros au total grâce au soutien du fonds d'investissement britannique Cinven et du bastion du complexe militaro-industriel américain – plus qu'étroitement lié à la CIA – Carlyle. Tout se fait rapidement et au détriment du client, comme lors de la fusion Noos-Numéricable de 2006, un désastre retentissant.

Patrick Drahi signe avec différentes collectivités locales et entreprises la délégation de service public de la boucle régionale de très haut débit, comme en Alsace (2004). Plus tard, il acquiert les câblo-opérateurs des DOM-TOM. En 2007, il acquiert Completel, qui loue le réseau en fibre optique aux entreprises, un investissement qui s'avérera stratégique pour la suite.

On remarquera que la construction du réseau câblé français, véritable désastre financier, a été en totalité financée par des fonds publics (en clair, vos impôts). Mais, en raison de son coût peu avantageux par rapport au satellite ou à l'ADSL, le câble (pourtant un prodige technique) n'a longtemps fonctionné que grâce aux clients captifs que sont les locataires d'HLM. On peut donc considérer que c'est avec une certaine complicité des collectivités territoriales qui équipent les logements sociaux qu'Al-tice va s'enrichir.

Or, comme l'expliquait *Libération* du 14 mars 2014:«*Son fonds Altice est de droit luxembourgeois, mais coté à Amsterdam. Il y a logé tous ses actifs de télécoms : ses 40 % dans Numericable, le belge Coditel et le portugais Cabovisao, l'israélien Hot, Outremer Telecom ou encore la filiale d'Orange en République dominicaine qu'il vient d'avaler pour 1,1 milliard d'euros. Et son holding personnel, Next LP, abrité dans le fonds Altice qu'il détient à 75 %, est immatriculé à Guernesey.*»

Altice, qui s'est enrichi grâce aux collectivités locales via les HLM, ne paie donc pratiquement pas d'impôts en France. Patrick Drahi a investi également dans le câble et les télécoms à l'international : au Portugal, au Benelux, en Afrique de l'Est et en Israël. Ne parlant pas hébreu, il a commencé à s'intéresser à Israël vraisemblablement quand il a racheté les parts du premier câblo-opé-rateur du pays, Hot, à la banque Leumi, en mai 2009. Il en prend le contrôle petit à petit jusqu'à retirer la société, en 2012, de la bourse de Tel Aviv.

Entre temps, il a racheté l'opérateur téléphonique Mirs à Motorola pour 170 millions de dollars. Il compte regrouper ses activités israéliennes dans un grand groupe de télécoms: Mirs sera rebaptisé Hot Mobile en mai 2012. Ironie de l'histoire, en 2011, il se retrouve en concurrence sur ce marché avec Michaël Boukobza, qui détient 50 % de Golan Télécom. Michaël Boukobza, ancien DG d'Iliad-Free, est une vieille connaissance (qui a vendu une partie de ses actions en 2007 pour 27 millions d'euros) puisque Drahi l'avait démarché lors du rachat de Hot.

La Famille

Le Point (9 janvier 2014) indique qu'il a épousé une Syrienne orthodoxe, lorsque cette dernière était étudiante en médecine. Le couple s'est installé dans un pavillon à Thiais (Val-de-Marne) et a quatre enfants (dont des jumeaux), deux filles et deux garçons qui, élevés dans la plus pure tradition cosmopolite, font leurs études à

Lausanne, Bristol et Tel-Aviv.

Dispersée aux quatre coins du monde, la famille Drahi se réunit une fois par semaine, pour le dîner du shabbat. Résident fiscal en Suisse depuis 1999, Patrick Drahi est domicilié officiellement à Zermatt, puisque les forfaits fiscaux y sont de 5 à 20 % inférieurs à ceux du canton de Genève, où son épouse possède pourtant sa maison. Comme le résumait *Le Canard enchaîné* (26 mars 2014), dans des allusions finalement assez lourdes: «*Aucune résidence secondaire dans un fief familial. Pas d'attaches bretonnes ou girondines, la terre natale à la semelle des souliers. Drahi, c'est le Maroc, Israël, la Suisse. Pas très catholique tout ça, petit.* »

SFR

En novembre 2013, Numericable fait son entrée à la bourse de Paris avant que la maison mère ne fasse de même le mois suivant, à la bourse d'Amsterdam. C'est l'une des introductions les plus importantes de ces dernières années, avec une levée de fonds de 700 millions d'euros. En parallèle, alors qu'Altice ne détenait jusque-là que 20,6 % des parts de Numericable, Patrick Drahi lance le rachat du câblo-opérateur et obtient 40 % des parts en janvier 2014.

Dans la foulée, Altice se porte repreneur lorsque Vivendi annonce la mise en vente de SFR. Le gouvernement français annonce sa préférence pour l'autre candidat à la reprise, Bouygues. Quelques heures avant la publication de la décision de Vivendi, le ministre du Redressement productif, Arnaud Montebourg, prévient Patrick Drahi sur sa situation fiscale et déclare au micro d'Europe 1 :

«*Numericable a une holding au Luxembourg, son entreprise est cotée à la Bourse d'Amsterdam, sa participation personnelle est à Guernesey dans un paradis fiscal de Sa Majesté la reine d'Angleterre, et lui-même est résident suisse ! Il va falloir que M. Drahi rapatrie l'ensemble de ses possessions, biens, à Paris, en France. Nous avons des questions fiscales à lui poser!*»

Et Najat Vallaud-Belkacem d'exprimer, avec une fausse naïveté certaine, sa crainte de voir SFR «*devenir une entreprise suisse*». Le 14 mars, Vivendi annonce être rentré en négociations exclusives avec Numericable. Ce jour-là, l'action de Numericable gagne 15,49%, pendant que Bouygues dévisse de 6,78 %.

Cette acquisition se fera, une fois de plus, grâce à un endettement massif, Numericable étant huit fois plus petit que SFR. Si la grenouille a avalé le bœuf, c'est que l'affaire a été rondement menée. Il faut dire que dans cette affaire, Drahi avait les faveurs de deux des «juges de paix» du CAC 40, le milliardaire Vincent Bolloré et le président du conseil de surveillance de Vivendi, Jean-René Fourtou.

Afin de limiter les critiques, Drahi s'est habilement entouré de Raymond Soubie, ex-conseiller social à l'Élysée, pour répondre de l'impact social (en liaison avec Fleur Pellerin) de son projet mais surtout d'Havas Worldwide pour préparer la communication, avec notamment l'inévitable Stéphane Fouks et Arthur Dreyfus (en liaison avec Bercy et Matignon).

Finalement Numericable rafle la mise le 5 avril 2014 et SFR a été officiellement avalé lors de l'assemblée générale de Numericable, pour 13,36 milliards d'euros (soit une détention de 60 % du capital), dont une grosse partie financée sous forme de dette. À la tête du nouveau Numericable-SFR, dont il dirige le conseil d'administration, Patrick Drahi a placé son fidèle bras droit, connu à l'X, Éric Denoyer. Sur les neuf membres du conseil d'administration six viennent de Numericable. On remarquera qu'un des seuls rescapés de SFR, le DRH François Rubichon, est entré au Siècle en 2014.

Désormais, avec 28,2 millions de clients fixe et mobile, Patrick Drahi fait jeu égal avec Orange, avec pour ambition (ce qui arrivera certainement rapidement) d'être le leader du très haut débit fibre et mobile. Insatiable, le jour de l'officialisation du rachat de SFR, Patrick Drahi voyait l'Autorité de la concurrence valider le rachat de Virgin Mobile, alors qu'à peine une semaine auparavant, il finalisait le rachat de Portugal Telecom (7,4 milliards d'euros au brésilien Oi). Altice accumule à ce jour 25 milliards d'euros de dette (soit 4 à 4,5 fois son Ebitda, c'est-à-dire son résultat brut). «*Les marchés y croient et Drahi les enivre*», résument *Les Échos* (5 décembre 2014), et l'ogre Altice lorgne déjà sur Bouygues Telecom.

La presse française

Au plus fort des tractations pour le rachat de SFR, un fait est passé totalement inaperçu: le 12 mars dernier, celui qui allait devenir quelques jours plus tard le nouveau propriétaire de SFR organisait la soirée d'inauguration d'i24News, «*une chaîne multilingue internationale avec un regard israélien*».

À cette soirée, on comptait parmi les invités Michel Drucker, Daniela Lumbroso, Alexandre Arcady, Francis Huster, Ruth Elkrief ou encore Julien Dray (*qui défendra Patrick Drahi face à Arnaud Montebourg sur Radio Communauté Juive le 16 mars*). Discret en France, l'homme s'est rendu célèbre en Israël, où il a été reçu plusieurs fois par Shimon Peres. Outre le financement de l'école de musique classique «Keshet Eilon», Patrick Drahi y possède un appartement dans la tour Rothschild à Tel Aviv, la ville où il se sent chez lui.

En Terre promise, Drahi a racheté Guysen TV pour en faire un outil de diplomatie publique « *ni de gauche, ni de droite, mais pour Israël* » (*Jerusalem Post*, 25 décembre 2012), dixit Frank Melloul, le directeur de la chaîne et organisateur de la soirée.

Né le 2 juillet 1973 à Fribourg (Suisse), Frank Melloul a notamment été chargé de communication du ministre aux Affaires européennes Noëlle Lenoir, porte-parole adjoint aux affaires stratégiques, terrorisme, Proche-Orient en pleine crise ira-kienne (2003-2004) au Quai d'Orsay, puis le conseiller « presse et communication » de Dominique de Villepin au ministère de l'Intérieur et à Matignon. En 2007, Melloul a été bombardé directeur de la stratégie et du développement international de France 24 avant d'occuper la fonction de directeur de la stratégie, du développement et des affaires publiques de l'Audiovisuel extérieur de la France (AEF).

Il restera à l'AEF jusqu'en 2012, avec un passage comme directeur de cabinet du secrétaire d'État chargé des Affaires européennes, Pierre Lellouche. Précédemment, ce spé-cialiste du « soft power » avait été le conseiller de Lellouche, lorsque ce dernier était le représentant spécial de la France pour l'Afghanistan et le Pakistan. Fort de cette expérience, Frank Melloul a recruté pour la branche francophone d'i24News (la chaîne émet également en anglais et en arabe) des familiers de ce public, comme Stéphane Calvo, un « *vrai patriote* » (*L'Opinion*, 17 juillet 2014), transfuge d'Europe 1, comme directeur d'antenne, et Jean-Charles Banoun, journaliste vedette en provenance lui aussi d'Europe 1, au « grand direct ».

«Doter Israël d'un outil d'influence qui contribue à son rayonnement culturel et politique, c'est là un défi qui mérite d'être relevé […] C'est le moment opportun pour mettre en place un outil d'influence comme celui-là […] Je consi-dère qu'aujourd'hui la plus sérieuse menace pour Israël, ce n'est pas le nucléaire iranien, mais la campagne de délégitima-tion qui est menée contre lui […] Le rôle de notre chaîne sera justement d'être la Kipat Barzel, le dôme d'acier de la communication israélienne. »

Comme le résumait le quotidien économique israélien *Globes* (3 mai 2009), si Drahi «*investit en Israël* [c'est] *parce qu'il est sioniste* ». Ce qui est certainement très exact, puisque c'est le Premier ministre israélien Benyamin Netanyahou qui souhaitait, depuis 2010, la création d'une telle chaîne d'informations en continu. Pour l'opération «Bordure protectrice» de l'été 2014, i24News délocalisera spécialement son 20h sur les hauteurs d'Ashkelon, avec une vue imprenable sur Gaza : «*Depuis le début des événements, on bat tous nos résultats d'audience* » (*L'Opinion*, 17 juillet 2014).

Le Mossad recrute

Titre du magazine *Défense,* sur i24 news. *«Comment rentrer au Mossad?»*, interroge la présentatrice, Danielle Attelan, rappelant une très originale opération lancée. *«Le Mossad recrute sur la Toile avec une vidéo digne des meilleures séries d'espionnage. Faire campagne sur le Net, c'est une initiative étonnante pour une agence qui cultive le secret.»*

«Pour attirer des experts en cybersécurité», explique un reportage, le Mossad a fait paraître sur Internet et dans la presse *«un message avec un code à déchiffrer pour pouvoir candidater »*. Selon un expert, *«quand vous publiez un défi comme celui-ci, vous montrez aux recrues potentielles que vous êtes sérieux et que vous ne voulez attirer que les meilleurs candidats»*. Le Mossad n'est pas une vulgaire start-up exploiteuse de stagiaires.

Invité en plateau, Gad Shimron, ancien agent du Mossad, confirme qu'il s'agit d'*«une opération de relations publiques»* destinée à renforcer l'attractivité de l'agence, confrontée à *«la concurrence de sociétés high-tech qui recrutent tous les diplômés »* (et à celle des autres services de renseignement israéliens, ajoute-t-il). *«Ces sociétés proposent plus que le Mossad en rémunération»*, explique le retraité, avant de nuancer : *«Au Mossad, on est quand même bien payé, et le côté défi peut attirer des gens.»*

Comment avez-vous été recruté par le Mossad ?», demande la présentatrice. *«Moi, tout simplement, un ami est venu me voir et m'a recommandé au Mossad»*, répond Gad Shimron, racontant le bon temps du recrutement entre potes. *«Au-delà des clichés hollywoodiens des films d'espionnage, à quoi ça ressemble la vie d'un agent du Mossad ?» «Le scénariste hollywoodien doit prendre beaucoup de champignons hallucinogènes pour imaginer quelque chose qui corresponde à la réalité de ce que fait le Mossad. L'une des qualités du Mossad, c'est la capacité de penser en dehors des sentiers battus.»*

Pour finir, l'ancien agent évoque ses émouvants souvenirs de l'exfiltration des juifs éthiopiens dans les années 80, *«une opération complètement folle de A à Z, chacun des agents était à la limite du cas psychiatrique».*En plus, au Mossad, *«on a une bonne retraite»*, ce n'est pas négligeable.

La présentatrice donne rendez-vous pour une *«immersion au cœur de la planète stratégique et militaire»* puis une brève séquence vidéo présente de chouettes tirs de missiles avec la légende : *«Le Dôme de fer testé avec succès à partir d'un navire de guerre.»*

Paul Amar, le présentateur de *Paris-Jaffa*, apparaît pour saluer Manuel Valls. *« Merci sincèrement d'avoir accepté notre invitation pour cette émission spéciale diffusée en direct par i24 et BFMTV en partenariat avec Libération et L'Express. Quatre médias qui vous offrent une forte visibilité et une vraie diversité éditoriale. »*

Il y a en effet pour interroger le ex-Premier ministre, outre Paul Amar, Apolline de Malherbe (*«elle s'est déplacée à Tel-Aviv»*), Christrophe Barbier et Laurent Joffrin (en duplex). Bref, toutes les sensibilités politiques (de la droite de la gauche à la droite de la droite) sont représentées. Preuve que Patrick Drahi préserve l'indépendance éditoriale de ses rédactions.

Nous vous demanderons, Manuel Valls, de faire le point sur l'état du monde, un monde angoissé, menacé et parfois menaçant», menace Paul Amar. Mais d'abord, un reportage résume la journée du ex-Premier ministre, rapportant notamment qu'*«une médaille récompense son combat contre l'antisémitisme et le boycott d'Israël».* « *Quel accueil !,* s'exclame Paul Amar en studio. *Je suis là depuis septembre, je n'ai jamais vu un homme politique français aussi bien accueilli.»*

Manuel Valls rappelle le lien indéfectible qui unit la France à Israël. *«Pour observer au quotidien le peuple israélien, je peux vous dire qu'il éprouve un sentiment très fort d'injustice, il se sent très seul"*, témoigne Paul Amar. *"C'est la seule démocratie dans cette région mais c'est le seul pays à subir autant de critiques, contrairement aux autres pays alentour.»*

"Je connais bien ce pays, répond Manuel Valls, *son histoire mais aussi sa géographie, l'étroitesse d'Israël, vivant dans un environnement hostile. Il y a un beau titre d'un ouvrage de Frédéric Encel,* Israël, une démocratie en guerre.» C'est très beau. Et ça résume si bien la ligne politique du Premier ministre, « *une démocratie en guerre».*

 «Vous citiez Frédéric Encel, il était ici la semaine dernière, il parlait très brillamment des accords Sykes-Picot, quand l'Angleterre et la France avaient dessiné la carte du Moyen-Orient. On a le sentiment que c'est ce qui se passe aujourd'hui.» Du coup, *«Manuel Valls devrait profiter de son séjour en Israël pour apprécier le savoir-faire local en matière de lutte contre le terrorisme.»* .

Le lobby sioniste continue de faire main basse sur les médias français. En effet, le patron du groupe de télécoms *Altice Numéricâble*, Patrick Drahi, et son associé Marc Laufer ont acquéri l'ensemble des magazines français que détient le groupe Roularta, dont *l'Express* et *l'Etudiant.*

Avec cette acquisition, les deux hommes, déjà coactionnaires de *Libération*, prennent une place croissante dans le paysage médiatique français.

Patrick Drahi est désormais à la tête du troisième plus important groupe de presse de France, après celui qui regroupe le groupe *Le Monde* et *L'Obs* dirigé par Pierre Bergé, Matthieu Pigasse et Xavier Niel, et bien-sûr Dassault, propriétaire du groupe *Figaro*.

D'après le magazine *Challenges*, M. Drahi a pris la nationalité israélienne et renoncé à la nationalité française. Mais, suite à la polémique née au moment du rachat de *SFR*, l'homme d'affaire, qui vit officiellement à Genève, assure être toujours français et agir au nom des intérêts français.

En 2012, dans une interview à *La Tribune*, il a expliqué financer la chaîne pour «*des motivations sionistes sincères afin d'améliorer l'image d'Israël !*» En effet, derrière l'affichage, le contenu d' *i24 News* est en réalité clairement orienté, comme l'atteste le traitement des récentes attaques terroristes en France ou les tribunes publiées sur le site.

En revanche, quand il s'agit de business, le discours change radicalement. En témoigne l'offre spéciale «*Ramadan*» de *SFR* destinée aux consommateurs d'origine maghrébine, où l'on pouvait voir s'afficher les mots suivants sous le visage souriant d'une femme voilée : «*Je peux «gassar»* [discuter] *sans compter* ». Ainsi, d'un côté on flatte les consommateurs musulmans afin de vendre des abonnements téléphoniques et de l'autre, on les diabolise dans les journaux du même groupe afin de servir les intérêts sionistes.

BFM TV

Après avoir racheté SFR en 2014, Patrick Drahi a racheté NextRadio, propriétaire de BFM TV, en 2015. L'ensemble, appelé Altice Media, est fusionné par Mourad avec SFR en 2016. Il comporte d'autres titres bien connus comme *l'Express* qui, lui non plus, ne ménage ni son temps ni sa peine pour donner une bonne image de Macron.

Petit rappel sur Alain Weill le propriétaire du groupe NextRadio qui possede les chaines BMTV et RMC. Propriétaire d'une fortune estimé à 73 millions d'euros selon le magazine « Challenges », Membre du conseil de surveillance de la branche française de l'Institut Aspen.

Un puissant *think tank* créé dans les années 1950 aux États-Unis possèdant des antennes dans sept pays et qui compte parmi ses intervenants des personnalités comme Jean Monnet, Henry Kissinger ou Madeleine Albright.

Le *think tank* organise chaque année des séminaires « Jeunes leaders politiques», à l'image de la French-American Foundation. Lors de ces rencontres, les participants sélectionnés planchent sur des sujets liés à la gouvernance dans un cadre supranational et mondialiste, encadrés par des personnalités de premier plan du monde de la politique et des affaires.

Aujourd'hui, l'institut Aspen est présidé par Walter Isaacson, ancien président de CNN et ex-rédacteur en chef de *Time Magazine*. Walter Isaacson est l'auteur de plusieurs ouvrages consacrés à des personnalités de l'histoire des États-Unis, parmi lesquelles une biographie d'Einstein traitant entre autres des rapports entre le célèbre physicien et le mouvement sioniste.

Patrick Drahi et Alain Weill, se connaissent depuis près de vingt ans. Plus encore, ils sont liés par un homme, Marc Laufer, qui a été successivement bras droit d'Alain Weill de 2001 à 2006 à NextRadioTV et qui est désormais directeur général d'Altice Media Group qu'il a cofondé avec Patrick Drahi.

Mon candidat, Macron

Le ex-ministre Montebourg ne dit pas que Drahi est un escroc mais il semble le penser très fort. Des enquêtes fiscales sont alors diligentées par Bercy et les déclarations ci-dessous sont sans ambiguïté.

« *Numericable a une holding au Luxembourg, son entreprise est cotée à la Bourse d'Amsterdam, sa participation personnelle est à Guernesey dans un paradis fiscal de Sa Majesté la reine d'Angleterre, et lui-même est résident suisse ! Il va falloir que M. Drahi rapatrie l'ensemble de ses possessions, biens, à Paris, en*

France. Nous avons des questions fiscales à lui poser ! », tempêtait ainsi le ministre du Redressement productif au micro d'Europe 1.

À cette époque-là, le combat entre différents courants, différentes visions et peut-être aussi entre différents conflits d'intérêts qui se joue est un combat de titans avec des milliards d'euros en jeu.

Macron, lui, soutient le rachat de SFR par Numéricable qui appartient à Drahi. «*Le rendez-vous, prévu vers 20 heures, s'est finalement transformé en appel téléphonique, un peu plus tard dans la soirée, entre le président du conseil de surveillance et le secrétaire général de l'Élysée Emmanuel Macron. Celui-ci a alors promis aux dirigeants de Vivendi qu'il n'y aurait pas de veto du côté de la présidence de la République* ». Sous-entendu c'est un feu vert donné à Drahi.

Bernard Mourad

En 2014, Emmanuel Macron était secrétaire général adjoint de l'Élysée et Arnaud Montebourg, ministre du Redressement productif. Si ce dernier s'est davantage impliqué dans le dossier, M. Macron l'a également suivi. MM. Mourad et Macron se connaissaient toutefois depuis plus longtemps: ils s'étaient rencontrés par des amis communs il y a plus de dix ans.

L'histoire de Bernard Mourad avec Patrick Drahi avait, elle, commencé en 2004. À l'époque, Drahi n'était pas encore très connu. Il souhaitait racheter Noos pour constituer un groupe hexagonal spécialisé dans le câble. Bernard Mourad et Dexter Goei, actuel PDG d'Altice (*la holding luxembourgeoise du milliardaire*), mais à l'époque lui aussi banquier chez Morgan Stanley, l'ont alors conseillé. Les trois hommes ne se sont plus quittés, jusqu'à aujourd'hui, M. Mourad ayant décidé de délaisser le cuivre des télécoms pour les paillettes de la politique avec Macron...

Ancien de la banque Morgan Stanley, spécialiste du secteur des télécoms, M. Mourad s'était plus particulièrement occupé, en 2014, de l'opération de rachat de SFR deuxième opérateur français, par Numericable, le câblo-opérateur de Patrick Drahi.

À l'époque, une bataille féroce avait opposé ce dernier à Martin

Bouygues, propriétaire de l'opérateur du même nom pour l'acquisition de SFR. M. Mourad s'était occupé du financement et de l'exécution de l'opération qui a valu à Patrick Drahi de devenir l'un des patrons de télécoms les plus importants d'Europe.

Pour muscler son staff, l'ex-ministre de l'Économie a fait appel à Bernard Mourad, qui a accompagné Patrick Drahi dans la constitution de son empire télécoms. Cet ancien banquier de Morgan Stanley "*interviendra comme conseiller et ne percevra aucune rémunération de la part du mouvement*". Il "*ne figurera pas dans l'organigramme*" mais "*apportera au mouvement sa connaissance des milieux d'affaires, et sera notamment actif dans la levée de fonds*", précise l'entourage d'Emmanuel Macron.

Les amateurs d'entrefilets à signaux faibles ont évidemment noté cette information passée inaperçue début octobre: Patrick Drahi, homme d'affaires sulfureux, surendetté et très influent pèse de tout son poids dans la campagne du jeune Macron. Il lui a même délégué l'un de ses meilleurs colonels : Bernard Mourad.

Bernard Mourad, le patron d'Altice Media Group va abandonner ses fonctions dans les prochains jours pour rejoindre l'équipe de campagne d'Emmanuel Macron comme conseiller spécial. Ce proche de Patrick Drahi a choisi de démissionner pour éviter tout conflit d'intérêt dans ses nouvelles missions auprès de l'ex ministre de l'Economie, un ami de plus de 15 ans.

Son arrivée structure le mouvement «En Marche!», lancé en avril dernier par Emmanuel Macron, pour le transformer en véritable parti politique. Bernard Mourad sera plus spécifiquement en charge des questions et relations avec les sphères économiques. Cet ancien banquier d'affaires devrait également apporter une aide précieuse, grâce à ses réseaux, dans la recherche de financements pour la campagne présidentielle.

Auparavant directeur général de Morgan Stanley à Paris, Bernard Mourad s'est fait connaître pour avoir épaulé Patrick Drahi sur ses deals dans les télécoms, notamment le rachat de SFR, en 2014. Durant sa carrière de banquier d'affaires, il s'était également construit une solide réputation dans le secteur des médias en conseillant l'américain Hearst dans le rachat des magazine internationaux de Lagardère. Il avait aussi conseillé Mondadori dans l'acquisition d'Emap France et accompagné des fonds d'investissement pour la reprise d'une partie de Vivendi Publishing.

Bernard Mourad avait rejoint Altice en février 2015 en tant que patron de la branche média du groupe. Celui qui est une pièce centrale dans le dispositif organisationnel du candidat Macron est donc l'ancien patron de SFR Media, qui est désormais composé de SFR Presse, SFR RadioTV et SFR Sport.

-SFR Presse regroupe l'ensemble des activités presse du groupe en France : Groupe L'Express, Libération, NewsCo.

-SFR RadioTV, détenant 49 % de NextRadioTV, regroupe les activités audiovisuelles du groupe en France : BFM TV, BFM Business, BFM Paris, RMC, RMC Découverte.

-SFR Sport regroupe l'ensemble des activités consacrées aux sports : BFM Sport, RMC Sport, SFR Sport 1, SFR Sport 2, SFR Sport 3, SFR Sport 4 et SFR Sport 5. »

Macron veut faire croire qu'il est de gauche. Lui, le banquier d'affaires qui aime les beaux costards n'est pas plus de gauche que Gattaz, le patron du Medef! Il veut faire croire qu'il est le candidat de l'antisystème alors qu'il ne semble être que le nervi d'un système économico-financier aux liens troubles et opaques.

Quant à Drahi, le milliardaire d'un Empire de 50 milliards de dettes il a déclaré lors de son audition au Sénat: «*Je dors beaucoup plus facilement avec 50 milliards de dettes qu'avec les premiers 50 000 francs français de dette que j'ai contractés en 1991.*» C'est assez logique. Quand on doit 50 000 francs à la banque on a un problème avec la banque. Quand on doit 50 milliards à la banque, c'est la banque qui a un problème avec vous. Il est assez rare d'ailleurs de voir des banquier prêter 50 milliards à un seul homme.

L'avenir douteux

Le propriétaire de SFR n'a pas d'échéance de remboursement majeur avant 2022. Après avoir beaucoup réduit les coûts, il est sous pression pour générer des revenus.

Même si Altice a arrêté les acquisitions depuis 2015, l'empire de Drahi est toujours sous le feu des projecteurs. Le groupe va terminer l'année avec une dette nette de 49,282 milliards d'euros, soit 5,7 fois son Ebitda. Un montant qui a doublé en deux ans. C'est un «exploit» dont peu d'entreprises peuvent se targuer et qui a conduit les analystes de Bloomberg Intelligence à classer récemment le groupe parmi les 50 entreprises à surveiller dans le monde, en 2017, parce qu'elles vont faire face à des «*défis inhabituels.*»

A l'heure où plusieurs groupes à fort endettement souffrent, comme SoLocal ou Vivarte, la situation d'Altice peut interpeller. Dennis Okhuijsen, le directeur financier d'Altice, explique que tout est sous contrôle, car le groupe possède beaucoup d'actifs qui lui permettent de supporter sa dette. « *Nos cash flow sont massifs, on fait de très belles marges d'Ebitda et plus de 85 % de notre dette est à taux fixe*», souligne-t-il.

Pourtant, fin 2015, les investisseurs s'inquiétaient de l'ampleur de l'endettement du groupe. En quelques mois, Altice a alors perdu la moitié de sa valeur en Bourse. S'il a perdu la valeur économique de ces titres, il en a cependant conservé la propriété. Goldman Sachs l'a résumé dans une note invitant Altice à stopper les acquisitions, après les rachats coup sur coup de SFR, Virgin Mobile, Portugal Telecom, et les « câblo» américains Suddenlink et Cablevision.

Depuis, le groupe s'emploie prioritairement à intégrer ses actifs. Même s'il a continué à faire des petites acquisitions, en témoigne, notamment,la prise de participation de 49 % dans NextRadioTV, la maison-mère de BFM TV et RMC. Il a aussi refinancé cette année plus de 21 milliards d'euros de dettes, profitant des taux bas pour en abaisser le coût et rallongeant la maturité.

Aujourd'hui, le coût moyen de la dette est de 6,2 % : il est un peu plus faible en Europe et un peu plus élevé aux Etats-Unis. C'est cher par rapport aux taux actuels mais, chez Altice, on considère que c'est le prix de la tranquillité. Désormais, le groupe n'a en effet plus d'échéance majeure avant 2022, date à laquelle il va devoir rembourser près de 10 milliards. D'ici là, il ne paie « que » les intérêts de la dette, soit, pour 2017, un peu plus d'un milliard d'euros, puis plus de 2 milliards par an à partir de 2020.

Il y a fort à parier que les taux vont remonter, et que le rééchelonnement de la dette, coûtera donc plus cher. D'ici là, Altice doit ameliorer ces resultats pour être sûr de pouvoir rembourser. Sinon, le groupe risque de rencontrer de sérieuses difficultés.

C'est donc sur sa capacité à faire croître l'activité que le tycoon est particulièrement attendu. Notamment sur SFR, le pilier du groupe, en difficulté et dont Moody's a dégradé la note à l'automne 2015. « *Altice a prouvé qu'il savait rentabiliser très rapidement ses acquisitions grâce à sa gestion éprouvée des réductions de coûts*, explique un analyste financier. *Les équipes doivent désormais faire la démonstration qu'elles savent faire croître l'activité.* » Altice affirme qu'il n'y a pas d'effet «domino» d'un pays à l'autre pour ses activités. Mais s'il échoue sur un territoire, les investisseurs, où qu'ils soient, pourraient commencer à douter.

Qui prête de l'argent?

Il faut dire que le polytechnicien de 51 ans semble avoir trouvé une martingale géniale : plus il emprunte, plus on lui prête. Et plus son groupe grimpe en Bourse.

"Mon groupe vaut aujourd'hui 31 milliards d'euros, pour 33 milliards de dette, un ratio plus faible que celui d'un ménage qui emprunte pour acheter son appartement.» Auditionné par les députés, Patrick Drahi avait expliqué qu'il n'avait pas le profil pour finir un jour devant une commission de surendettement.

Son groupe, Altice, a beau avoir emprunté à tour de bras depuis dix-huit mois pour avaler SFR, Virgin Mobile, Portugal Telecom et Suddenlink (sans parler «Libération» et «L'Express»), les risques seraient bien maîtrisés. Force est de constater que, pour l'heure, tous lui font crédit. Fin juin, le patron d'Altice a encore réussi à mettre sur la table 10 milliards d'euros, dont 4 à emprunter, pour racheter Bouygues Telecom.

A écouter les experts, Patrick Drahi profite d'un contexte idéal pour mener sa guerre éclair. Les politiques accommodantes des Banques centrales américaine et européenne font couler l'argent à flots. Pas de Patrick Drahi sans Mario Draghi. Or les taux bas liés à cette abondance de liquidités ont amené les investisseurs à rechercher des placements plus juteux.

Les obligations émises par Altice ou Numericable-SFR sont classées par les agences de notation dans la catégorie «junk bonds», autrement dit «spéculatives». Ce qui veut dire que le groupe de Drahi emprunte à des taux annuels de 5 à 10% (quand Orange obtient 2 à 5%), une rémunération très attractive pour celui qui souscrit. Et néanmoins raisonnable et supportable pour Altice. Lorsqu'il a racheté SFR en 2014, le groupe s'est ainsi vu proposer six fois les montants qu'il recherchait.

Pour collectionner ainsi les lignes de crédit, Patrick Drahi s'est entouré de virtuoses. Son directeur financier, Dennis Okhuijsen, est l'ancien trésorier de Liberty Global, détenu par John Malone, le roi du câble américain qui a servi de modèle au patron d'Altice. Son équipe de choc est menée par Dexter Goi, un ancien de Morgan Stanley surnommé par ses collègues «l'oreille musicale de la finance».

Ensemble, ils savent élaborer des montages complexes pour maximiser les capacités d'emprunt du groupe et éviter que la société mère ne supporte toute la charge. L'organigramme extraordinairement complexe du groupe mène très souvent au Luxembourg, bien connu pour sa fiscalité royale (taux effectif autour de 15% pour l'impôt sur les sociétés) et son opacité juridique. Optimisation, donc: pour racheter l'américain Suddenlink, valorisé à 9 milliards d'euros, Patrick Drahi n'a déboursé qu'un seul milliard en cash. De même, à titre personnel, n'est-il pas endetté. Selon les calculs de l'économiste Benoît Boussemart, sa fortune (nette de dettes) s'élevait à 10 milliards d'euros.

Les Goldman Sachs, JP Morgan ou BNP Paribas qui avancent les milliards ont intérêt à ce que la belle histoire de Patrick Drahi se poursuive sans accrocs. Jacques de Greling, analyste chez Natixis, conteste cette thèse : «*Quand on regarde pays par pays, il n'y a ni trop d'opérateurs ni de problèmes d'investissement en Europe.*» Les rachats et fusions, en revanche, peuvent s'avérer douloureux pour l'emploi et le prix des forfaits payés par les clients.

Quoi qu'il en soit, Drahi s'emploie à démontrer que la taille génère des économies. C'est la clé de son modèle, basé sur le fameux LBO («leverage buy-out»). L'entreprise cible (SFR, Portugal Telecom) doit dégager assez de marges pour rembourser l'emprunt qui a servi à l'acheter. Dans le cas de SFR, il faut trouver 50 millions d'euros par mois, pour payer les seuls intérêts de la dette! Alors on passe les coûts à la broyeuse. Secondé par Eric Denoyer, ex- P-DG de Numericable, le patron franco-israélien revoit tout à la baisse: les contrats des fournisseurs, les effectifs, surtout d'encadrement, et les frais généraux. Econome jusqu'au bout, il voyage lui-même avec EasyJet.

Le résultat est là : grâce aux synergies la rentabilité de SFR a augmenté de 21%, malgré la fuite de 500 000 clients. «*Nous avons démontré notre capacité à faire augmenter rapidement les marges et donc à diminuer le ratio d'endettement*», résume le porte-parole du groupe.

Depuis qu'Altice y est entré en 2014, l'action a décollé de 400%. Largement de quoi ouvrir de nouvelles perspectives. L'homme d'affaires vient de coiffer Altice d'une holding cotée à Amsterdam dans laquelle les actionnaires (lui surtout) pourront dé tenir des actions valant 25 droits de vote. Ainsi, il pourra procéder à des augmentations de capital et réduire sa participation (de 60% dans Altice) tout en gardant le contrôle de son empire. En Europe, l'opérateur néerlandais KPN et le belge Belgacom pourraient bien devenir ses prochaines proies.

Des chiffres à donner le tournis

- 50 millions d'euros les intérêts de la dette remboursés chaque mois par SFR
- 5 à 10% : les taux annuels auxquels emprunte le groupe Altice
- 10 milliards d'euros : la fortune de Patrick Drahi nette de dettes

www.ingramcontent.com/pod-product-compliance
Lightning Source LLC
Chambersburg PA
CBHW072030280526
45788CB00007B/2739